DU CAUTIONNEMENT.

DISSERTATION

SUR

LES PRINCIPES GÉNÉRAUX DE LA MATIÈRE,

EN DROIT FRANÇAIS

ET

EN DROIT ROMAIN.

L'acte public, sur la matière ci-dessus, sera soutenu à l'École de Droit, le 15 mai, à huit heures du matin,

PAR ANTOINE-MARIE DEMANTE,

Docteur en droit,

Avocat à la Cour royale de Paris, l'un des concurrens pour la chaire de droit romain, vacante par le décès de M. Berthelot.

PARIS,

DE L'IMPRIMERIE DE Mme JEUNEHOMME-CREMIERE,
rue Hautefeuille, n° 20.

1819.

JUS ROMANUM.

De his qui accessoriè obligantur et præcipuè de fidejussoribus et mandatoribus.

Pro eo qui promittit solent alii obligari quos homines accipere solent, dum curant ut diligentiùs sibi cautum sit.

Qui pro alieno debito se obstringunt, manente principali obligato, triplicis generis sunt, nempè *rei constitutæ pecuniæ, fidejussores et mandatores.*

Reus constitutæ pecuniæ is est, qui quod a se vel ab alio debetur id ipsum vel quidpiam aliud vice ejus, se soluturum paciscitur.

Fidejussor is est, qui quod alius debet stipulanti promittit, eo animo ut principali obligationi accedat.

Mandator is est qui auctor fuit ut alicui crederetur.

Hi tres in plerisque eodem jure habentur. Differunt tamen inter se:

1º Quòd reus constitutæ pecuniæ ex pacto, fidejussor ex verborum obligatione, mandator ex contractu consensuali, teneantur.

2º Quod constitutum ex jure prætorio valeat; fidejussio et mandatum ex jure civili.

3º Alienæ tantùm obligationi accedunt mandator et fidejussor; reus constitutæ pecuniæ tam propriæ quàm alienæ.

4° Principalem obligationem mandatum regulariter præcedit, fidejussio et præcedere et sequi potest, constitutum sequi debet.

5° Aliud pro re debitâ constitui potest, mandatoris verò vel fidejussoris non nisi de ipsâ re quæ principaliter debetur consistere potest obligatio.

De pacto constitutæ pecuniæ, cùm non sit semper alienæ obligationis accessio, hîc specialiter non est agendum, sed de fidejussione et mandato credendi.

Illud commune est omnium obligationum accessoriarum, ut non consistant nisi subsit alia obligatio saltem naturalis.

§. I.

Cui obligationi accedere possint intercessores.

Non sufficit autem subesse actionem merè civilem quæ perpetuâ exceptione elidatur, hâc enim exceptione et fidejussor uteretur, etiam invito reo. Nec magis naturali obligationi accedere potest quis, quam jus civile improbat : v. g. pro muliere contra Velleianum intercedente fidejussor frustrà accipitur.

Cæterum omni obligationi accedere potest fidejussor, sive re, sive verbis, sive litteris, sive consensu contracta sit.

Nec solùm si ex contractu, sed si quasi ex contractu oriatur.

Sed etsi ex delicto oriatur actio, tenetur fidejussor, dummodò popularis non sit.

Fidejussor accipi potest vel ejus actionis quam fidejussor habiturus est adversùs reum principalem.

Pro fidejussore fidejussorem accipi nequaquàm dubium est.

(5)

§. II.

De personis inter quas intervenire potest fidejussio vel mandatum.

Fidejubere non possunt vel mandare mulieres, prohibente senatuconsulto Velleiano.

Item servi, nisi in rem peculiarem.

Pro omni personâ obligatâ potest intercessio fieri.

Etiam pro servo, sive extraneus sit qui fidejussorem accipiat, sive ipse dominus.

Etiam pro jacente debitoris hereditate fidejussor rectè accipitur.

Pro semetipso quis fidejubendo non obligatur, sed rectè filius familiâs pro patre, licet aliâs pro unâ et eâdem personâ habeantur.

Fidejussor obligari non potest ei apud quem reus promittendi obligatus non est.

Cum verò nemo apud se ipsum obligari possit, indè sequitur non posse intercessorem pro eodem apud eumdem debere.

§. III.

Cujus rei et qualis esse debeat obligatio intercessoris.

In aliam rem quàm quae principaliter debetur obligari non potest intercessor, ergò nec in majorem, rectè autem in minorem.

Et generaliter haec regula tenenda est in universis qui pro aliis obligantur : quòd in duriorem causam adhiberi non possint, in leviorem accipi possint.

Durior est ejus qui pure debet, quàm ejus causa qui in diem vel sub conditione.

Levior est ejus qui rem unam debet, quàm ejus conditio qui *hanc eamdem rem aut aliam* debet, licèt habeat electionem.

Quamvis duriùs obligari non possit, strictiùs tamen teneri potest intercessor quàm reus principalis.

De suâ personâ promittere debet intercessor, factum autem rei principalis frustrà promittit.

§. VI.

Quòusque pateat obligatio accessoria ; ubi de diversis modis fidejubendi.

Fidejussor facilè intelligitur se obligasse eodem modo quo et reus obligatus est.

Porrigenda ergò fidejussoris obligatio ad omnes obligationes quæ ex principali contractu directò descendunt.

Si verò ex aliâ causâ, quantumvis affini, reus debeat, non tenetur fidejussor.

An hæc regula ad usuras ex morâ debitas pertineat infrà quæremus.

Certè principali obligatione per moram perpetuatâ, perpetuatur et fidejussoria.

Ad plures obligationes, quamvis diverso tempore contractas, porrigi potest fidejussio : v. g. *si quod quandoque credidero* fide tuâ esse jusseris.

Si fidejussor acceptus sit in id *quantò minus à reo* vel *quanto minus ex distractione pignorum servari poterit*, tenetur etsi nihil servatum fuerit.

Quod autem culpâ creditoris servatum non fuerit, id ad periculum fidejussorum non spectat.

Fidejussor eo modo acceptus, *si reus non solverit,* tenetur si appellatus reus non solverit, sive decesserit.

Plures ejusdem debiti fidejussores vel mandatores in solidum singuli tenentur, salvo divisionis beneficio.

Fidejussor non tantùm ipse obligatur, sed etiam heredem relinquit obligatum.

§. V.

De actionibus quæ intercessoribus competunt.

Jure communi, intercessor qui pro reo solvit, ejus recuperandi causâ habet cum eo actionem, sive mandati cùm rogante aut saltem sciente et patiente reo fidejusserit vel mandaverit; sive negotiorum gestorum, si pro absente et ignorante.

Qui donandi causâ intercessit, ei nulla actio competit.

Fidejussor qui rem debitam solvit, licèt non fidejussorio nomine (si fortè tutor factus creditoris, tutelæ teneatur de eo quod à se exigere debuerit), tamen cùm liberat reum, adversùs eum agere potest.

Cum verò reum non liberet inutilis solutio (forsan rei alienæ), intercessori qui sic solvit deneganda est actio.

Imò si utiliter solverit, sed cùm reum certiorare neglexerit, reus iterum solverit; exceptione repellitur fidejussor.

Contrà, non denegatur actio mandati, si fidejussor rem a debitore principali jam solutam ideòque indebitam ignorans solverit.

Non solùm si solverit, sed si quid æquipollens fecerit fidejussor, habet actionem adversùs reum.

Si fidejussor vel quis alius pro reo ante diem solverit, expectare debebit diem quo eum solvere oportuit.

Contra, potest agere fidejussor vel mandator antequàm solverit : 1o Si condemnatus sine culpâ suâ fuerit ;

2o Si reus bona sua dilapidare cæperit ;

3o Si sic ab initio pactum fuerit ;

4o Si diù reus in solutione cessaverit.

Actiones quæ intercessoribus competunt, non tolluntur pacto personali inter creditorem et reum intercedente.

Huc usque de actionibus adversùs reum principalem. Nullam autem propriam habet actionem confidejussor qui solidum solvit, adversus confidejussores ; salvo beneficio cedendarum actionum.

§ VI.

Quibus gaudeant beneficiis fidejussores.

Intercessoribus tria competunt beneficia, *nempè cedendarum actionum, divisionis, et discussionis sive ordinis,* successu temporum introducta.

1. *De beneficio cedendarum actionum.*

Et primo introductum est moribus beneficium cedendarum actionum, cujus magna erat utilitas.

Nam cum antè reum principalem et distractionem pignorum conveniri intercessor posset, nec, quod magis est, sine periculo reus electus fuisset a creditore, ut infrà dicetur; cum aliundè, ut jam vidimus, in solidum singuli fidejussores teneantur, nec regressum habeant adversùs confidejussores ; valdè intererat eorum ut actionibus succederent creditoris, et sic pignora persequi et confidejussores convenire possent. Quod etiamsi introductis aliis beneficiis aliquatenùs immutatum fuerit, subsistit adhùc utilitas beneficii cedendarum actionum, si fortè aliis beneficiis uti vel non possit vel neglexerit fidejussor.

Quod beneficium tale est, ut non possit intercessor urgeri ad solutionem, nisi cedat creditor actionibus suis et omnibus juribus quæ ipsi ob creditum competebant.

Quæ cessio venditioni nominis rectè comparatur. Quod enim solvitur ab intercessore, pro prætio habetur cessarum actionum.

Et condemnatus desiderare potest ut sibi cedantur actiones.

An etiam qui purè solvit infrà quæretur.

II. *De Beneficio divisionis.*

Aliud constitutione D. Hadriani introductum est beneficium, scilicet divisionis, quo compellitur creditor adversùs unum è confidejussoribus agens, à singulis, qui modo solvendo sint litis contestatæ tempore, partes petere.

Cæterùm divisio non fit ipso jure. Qui igitur non oppositâ exceptione solidum solvit, nihil repetere potest sive a creditore sive a confidejussoribus.

Divisio fit inter eos qui ejusdem pecuniæ et pro eâdem personâ in solidum tenentur, sive ipsi sint confidejussores, sive confidejussorum successores.

Confidejussores inter se non censentur qui singuli pro singulo reo intercesserunt; igitur nullus hoc casu locus est divisioni.

Rectè autem dividitur obligatio inter fidejussorem et alterius fidejussoris fidejussorem.

Inter fidejussorem principalem et ipsius fidejussorem nulla divisio.

Ita demùm inter fidejussores dividitur actio, si non inficientur.

Divisio non exigitur nisi inter eos qui solvendo sint litis contestatæ tempore. Sed si sponte facta fuerit divisio a creditore, etiam inter inopes; post litis contestationem, petitio divisa non redintegratur.

Uno è confidejussoribus non jure obligato, alter cum eo divisionem non rectè petit.

III. *De Beneficio ordinis seu discussionis.*

Introductum fuit hoc beneficium, aut potiùs ab antiquissimo jure revocatum, Nov. 4, cap. 1.

Exindè conveniri non possunt qui alienæ obligationi accesserunt, nisi priùs excussis rei principalis facultatibus; si reus absit, dandum à judice intercessori spatium intrà quod eum exhibeat.

Cæterum hâc exceptione uti non potest intercessor, si adversùs reum non sit actio creditori.

Item beneficio excluduntur argentarii.

§. VII.

Quando extinguatur obligatio fidejussorum vel mandatorum.

1° Extinctâ obligatione principali tollitur et accessoria.

Et tamen liberato reo principali, non semper liberatur intercessor :

V. gr. Si debitor tutus sit exceptione *in personam;* secus si exceptio sit *in rem ;*

Si species certa quæ debebatur, fidejussoris facto, interierit, rei interitu liberatur reus, non autem fidejussor;

Item si tempore liberetur reus quod adversùs fidejussorem non cucurrerit.

Extinguitur prætereà intercessoris obligatio confusione :

Sive fiat inter creditorem et debitorem, quia eidem pro eodem deberi non potest;

Sive inter reum et intercessorem, nemo enim potest pro se intercedere.

Hoc tamen ultimo casu si minùs plena sit principalis obligatio, manet accessoria, monet et principalis.

Confusione factâ inter creditorem et fidejussorem, extinguitur fidejussionis causâ.

Olim liberabantur fidejussores, non item mandatores, si reus à creditore eligeretur. Quod Justinianus sustulit.

QUÆSTIONES.

I. An potest fidejuberi pro pupillo sine tutoris auctoritate obligato, prodigove vel furioso ?

Potest, si hæ personæ jure obligatæ sint. Aliàs non potest.

II. An intercessor in majorem summam obligatus quam debet reus principalis, saltem tenetur in summam concurrentem ?

Distinguendum est :

Mandatores et rei constitutæ pecuniæ in summam concurrentem, tenentur.

Fidejussores omninò non obligantur.

III. An fidejussor tenetur in usuras ex morâ debitoris ?

Non tenetur nisi in eas quoque se obligaverit sive expressè, sive per æquipollens.

IV. An cedi possunt actiones post solutionem purè factam ?

Si intercessor suo nomine solverit, actiones cedi possunt, secùs si nomine rei.

Cæterùm mandator post solutionem purè factam rectè petit ut cedantur sibi actiones, fidejussor non item.

V. An divisio peti potest post litis contestationem ?

Potest usquè ad sententiam, dummodò intercessor non inficiatus sit se fidejussisse.

VI. An potest renuntiari beneficiis ordinis vel divisionis.

Unicuique licet his quæ ipsi a lege data et concessa sunt renuntiare.

VII. An minoris fidejussori proficit restitutio in integrum ?

Pro regulâ ponendum, fidejussores minorum beneficio restitutionis non juvari.

Ab hâc regulâ excipiendus est casus quo fidejussor intercedit pro minore certæ personæ qualitatem induente, quam deinde exuat beneficio ætatis;

Item si fidejussor ætatem rei ignoraverit.

DROIT FRANÇAIS.

LE mot *cautionnement*, dans son sens naturel, ne signifie rien autre chose qu'une *sûreté* : c'est dans ce sens que les Romains prenaient le mot *cautio*.

Le contrat de cautionnement est celui par lequel une ou plusieurs personnes se soumettent envers un créancier à satisfaire à l'obligation d'un débiteur, si celui-ci n'y satisfait pas lui-même.

On appelle *caution* celui qui contracte cette obligation.

Sous le nom de *caution*, on doit comprendre celui qui donne à un autre l'ordre de prêter de l'argent à quelqu'un, en s'obligeant d'en répondre.

Quoique le contrat qui se forme entre ces deux personnes, et qui n'est autre chose qu'un mandat, diffère dans sa nature du cautionnement proprement dit ou de la fidéjussion, puisqu'il forme une espèce d'obligation principale entre le mandant et celui qui prête en vertu du mandat; néanmoins ses effets, dans notre droit, sont en tout point les mêmes.

Les principes généraux du cautionnement, en droit français, diffèrent peu de ceux du droit romain pour la *fidéjussion*. Nous allons les retracer sommairement, en notant les différences entre les deux droits.

§. Ier.

De la nature et de l'étendue du cautionnement.

Le cautionnement ne peut exister que sur une obligation valable (2012).

Cependant notre droit diffère, sur ce point, du droit romain, en ce sens que le cautionnement d'une obligation nulle peut exister chez nous; toutes les fois que la cause de nullité est purement personnelle à l'obligé principal (même article).

Du reste, on peut cautionner toute espèce d'obligation, de quelque cause qu'elle provienne, même celle d'une caution (2014).

Toute personne capable de contracter peut cautionner (1123). L'exception établie par le droit romain, à l'égard des femmes, n'est pas admise chez nous.

On peut aussi cautionner toute personne valablement obligée.

Les Romains en exceptaient le mari pour la restitution de la dot de la femme. Cette exception est abrogée par l'article 1550.

Il est évident, au surplus, qu'on ne peut se cautionner soi-même.

On peut cautionner même à l'insu du débiteur (2014).

La caution n'est obligée qu'envers celui envers lequel est obligé le débiteur principal; cela résulte de l'art. 2011.

Il résulte du même article que l'objet du cautionnement doit être le même que celui de la dette principale.

L'obligation de la caution ne peut être plus onéreuse que celle du débiteur principal.

Elle peut l'être moins.

Mais chez nous le cautionnement qui excède la dette, ou qui est contracté sous des conditions plus onéreuses, est seulement réductible à la mesure de l'obligation principale (2013).

Le contrat de cautionnement n'est point assujetti, chez nous, à une forme solennelle. Les stipulations des Romains nous sont inconnues, mais le cautionnement doit être exprès (2015).

La caution, aux termes de l'article 2011, se soumettant à satisfaire à l'obligation du débiteur, il s'ensuit que l'étendue de son obligation se règle, en général, sur celle de l'engagement principal.

(15)

Si donc, le cautionnement est indéfini, il comprend même les accessoires de la dette (2016), c'est-à-dire toutes les obligations du principal débiteur résultantes du contrat, mais non celles qui naîtraient d'une cause étrangère.

Du reste, si les limites du cautionnement sont tracées (comme si la caution s'est obligée à une certaine somme), on ne peut l'étendre au-delà de ces limites (2015).

S'il y a plusieurs cautions, chacune doit toute la dette (2025).

Les engagemens des cautions passent en général à leurs héritiers (2017).

§. II.

Des actions accordées à la caution.

La caution qui a payé, a contre le débiteur principal pour son recours, l'action qui résulte du contrat de mandat ou du quasi-contrat de gestion d'affaires qui est intervenu entre eux (2028).

Pour que le recours soit accordé, il faut en général que le paiement ait été valable, et qu'il ait libéré le débiteur (2031 dernier *alinea*).

Quelquefois le paiement, même valable, ne donne lieu à aucun recours, c'est ce qui arrive quand la caution ayant négligé d'avertir le débiteur, celui-ci a payé une seconde fois (2031).

La caution peut quelquefois agir en indemnité, même avant le paiement.

Ce droit lui appartenait à Rome :

1° Quand elle était condamnée: elle l'a chez nous dès qu'elle est poursuivie (2032 1°);

2° Quand le débiteur dissipait ses biens, et qu'elle pouvait craindre qu'il ne devînt insolvable: notre Code exige qu'il soit en faillite ou en déconfiture (même art. 2°);

3º Quand on était convenu *dans le principe* de lui rapporter sa décharge : cette convention aurait son effet chez nous quand elle serait postérieure au cautionnement (même art. 3º).

Il y avait à Rome un quatrième cas ; *si diù reus in solutione cessavit* : chez nous, il suffit pour les obligations à terme que le terme soit échu, et pour celles qui n'ont point de terme fixe d'échéance, et dont la durée n'est pas déterminée, qu'il se soit écoulé dix ans (même art. 4º et 5º).

Outre son action en recours, la caution est subrogée aux droits du créancier (art. 1251 3º et 2029), cette subrogation a le même effet que la cession d'actions que la loi Romaine accordait aux fidéjusseurs ; elle en diffère en ce qu'elle a lieu de plein droit.

La loi française accorde en outre à la caution un droit que lui refusaient les lois romaines, c'est un recours contre ses cofidéjusseurs.

Ce recours n'est accordé qu'à la caution qui a acquitté la dette, et qui a eu juste raison de payer. Il ne s'exerce contre chacun que pour sa part et portion (2033).

§. III.

Des Bénéfices de division et de discussion.

Les cautions jouissent chez nous des bénéfices de division et de discussion, sauf le droit qu'elles ont d'y renoncer.

Les effets de ces bénéfices sont en général les mêmes que dans le droit Romain.

Ainsi, on doit tenir qu'il n'y a pas lieu à division entre la caution et sa propre caution ; ni entre les cautions de deux différens débiteurs, *putà* entre les cautions de chacun des débiteurs solidaires.

Ainsi, la division n'a lieu qu'entre les cautions solvables ; mais,

aux termes de l'art. 2026, l'époque à considérer pour la solvabilité des cofidéjusseurs , n'est pas celle de la contestation
en cause, c'est celle de la division prononcée.

La division peut encore avoir lieu volontairement, et le créancier ne peut alors revenir contre cette division , même à raison
des insolvabilités antérieures (2026).

J'examinerai plus bas quelques questions relatives à la division.

Quant au bénéfice de discussion , notre droit diffère du droit
romain :

1° En ce que l'absence du débiteur ne fait aucun obstacle à
l'exercice de ce droit ;

2° En ce que la loi impose à la caution l'obligation d'indiquer
les biens à discuter , et d'avancer les frais (2023).

Après cette indication et cette avance , le créancier est respon-
sable, jusqu'à due concurrence, de l'insolvabilité survenue par
défaut de poursuite (2024).

La caution solidaire ne peut opposer le bénéfice de discussion
(2021).

L'exception de discussion étant dilatoire , doit être proposée
avant les moyens du fond.

§. IV.

De l'extinction du Cautionnement.

Outre les manières d'éteindre les obligations en général, qui
s'appliquent au cautionnement (2034), l'obligation résultant du
cautionnement s'éteint chez nous, comme à Rome , par l'extinc-
tion de l'obligation principale; et la caution peut opposer au
créancier toutes les exceptions qui appartiennent au débiteur, à
moins qu'elles ne lui soient purement personnelles (2036).

3

Le cautionnement s'éteint aussi par la confusion qui s'opère dans la personne du débiteur et de la caution, mais le droit français conserve au créancier l'action contre celui qui s'est rendu caution de la caution (2035).

Enfin, la subrogation dans les droits, priviléges et hypothèques du créancier, appartenant chez nous de droit à la caution qui paie; toute caution est libérée, comme l'était à Rome le *mandateur*, quand par le fait du créancier cette subrogation est devenue impossible.

Quoiqu'en général le cautionnement subsiste pour toute la durée de l'obligation principale, et qu'un paiement qui n'est pas valable n'éteigne pas l'obligation; néanmoins, l'acceptation volontaire que le créancier a faite d'un objet quelconque en paiement de la dette principale, décharge la caution, encore que le créancier vienne à en être évincé (2038).

La caution n'est pas libérée par la simple prorogation de terme accordée au débiteur (2039).

§. V.

De l'obligation de fournir caution et des diverses espèces de cautions.

L'obligation de fournir caution peut résulter de la loi, d'un jugement, ou d'une convention; sous ce rapport, les cautions sont *légales*, *judiciaires*, ou *conventionnelles*.

Celui qui est obligé à fournir caution, doit en fournir une capable de contracter, solvable, et domiciliée dans le ressort de la cour Royale (2018. 2040).

La caution judiciaire doit de plus être susceptible de contrainte par corps (2040).

La solvabilité d'une caution ne s'estime qu'en égard à ses pro-

priétés foncières non litigieuses, et qui, à raison de leur éloigne-
ment, ne sont pas de difficile discussion.

Cette règle cesse en matière de commerce, ou lorsque la dette
est modique (2019).

Si la caution reçue devient insolvable, il en doit être fourni
une autre; cependant cette règle ne s'applique pas à la caution
conventionnelle, quand le créancier a exigé telle personne pour
caution.

Lorsqu'il s'agit d'un cautionnement légal ou judiciaire, celui
qui ne peut trouver une caution, est reçu à donner à sa place
un gage en nantissement suffisant (2041).

Le bénéfice de discussion n'est point accordé aux cautions
judiciaires, ni aux cautions de ces cautions (2042 et 2043).

QUESTIONS.

Art. 2014 et 2028.

I. Peut-on cautionner quelqu'un malgré lui?

Oui, mais la caution n'a pas le recours accordé par l'article
2028. Elle ne peut agir que comme subrogée aux droits du créancier.

2026.

II. Les cautions qui se sont obligées solidairement, jouissent-
elles du bénéfice de division?

La raison de douter se tire de la loi 3, C. *de fidejussoribus*, et
des articles 2025 et 2026.

Mais il faut décider d'après les articles 2021 et 1203, que les
cautions solidaires ne jouissent pas de ce bénéfice.

2026.

III. Un cautionnement peut-il se diviser avec une caution
incapable? Doit-on suivre à cet égard la distinction de la loi 48,
§ 1, *ff. de fid.*

Je décide sans distinguer, que si l'incapable fait rescinder son engagement, son cofidéjusseur est tenu pour le tout.

2026 et 2027.

IV. La division de la dette prononcée sur la demande d'une des cautions, ou la division volontaire qu'a faite le créancier à l'égard de cette caution en l'attaquant *pour sa part,* profite-t-elle à ses cofidéjusseurs, de manière à ce qu'ils ne soient plus tenus des insolvabilités postérieures?

Cette division leur profite en ce sens seulement, que le créancier ne pourra plus leur demander la part de celui qui a obtenu la division, ni la part qu'il aurait dû supporter dans les insolvabilités survenues depuis.

2030.

V. La caution particulière d'un des codébiteurs solidaires, peut-elle exercer son recours pour le total contre chacun des codébiteurs?

La caution ne pourra agir contre les codébiteurs qu'elle n'a pas cautionnés, que comme subrogée aux droits du créancier; mais elle pourra à ce titre, demander à chacun le total, déduction faite de la part de celui qu'elle a cautionné.

VI. Exercera-t-elle le même droit contre les cautions particulières de chacun des codébiteurs solidaires?

Non, elle ne pourra demander à chacun que la part du débiteur dont il est caution.

2038.

VII. Le débiteur d'un genre donne en paiement une chose qui ne lui appartenait pas, la caution est-elle en cas d'éviction tenue de payer de nouveau?

Oui, l'obligation principale dure encore, et la caution était obligée pour toute sa durée.

DE L'IMPRIMERIE DE MADAME JEUNEHOMME-CRÉMIERE, RUE HAUTE-FEUILLE, n° 20.

9 782019 996963